TOMORROW

CIRCLING THE PREY

MARTIN GERMANN   The two large wall paintings in the exhibition in the SMAK remind me of the circles in the sand you used to make during your travels. Is there a connection?

JORIS GHEKIERE   Both figures are circles, of course. But one is a way of passing the time when I'm on vacation, and the wall paintings are works of art in a museum. When I make a sand circle I rotate a piece of driftwood around a point in the landscape, usually a deserted beach or a desert. That's a physical process, which is easy to read. The wall paintings in this exhibition, by contrast, are abstract works, with concentric shading (*dégradé*) from white to emerald green. What they mean is a completely open question.

M   Still, it's the contrast I find interesting, between the physicality of such a circle in the sand and thae distant, more mental aspect of your work.

J   The image in the wall painting actually has no boundary. Maybe an outer boundary— after all, I had the space that I had—but in the middle, in the white, one can't establish a boundary. The physical ends there, and the mental begins. That contrast between the unbounded and our longing for focus is what fascinates me. The painting of the disco ball—which is the only painting in the exhibition with a "subject"—is also about that. In Tibet I saw a reflective metal ball hanging above large statues of the Buddha. The idea is that, through the ball, the Buddha can see the whole world. Boundless, in all directions. I think that's beautiful.

M   The starting point "all in one / one in all" can also be found in Modernism: the all-seeing eye that observes everything from a single position, the panoramic gaze, and also the aspect of control in the panopticon. Does that say something to you?

J   Yes, an overview is important, but an image is created through focus. A disco ball that turns and reflects the world can never be captured in a single image, not even in a finite series of images. Conversely, total focus is also impossible because when it crosses a certain line it becomes introspective. It's precisely this metaphor that curator Ulrich Loock used for one of my portraits: that of a blind figure with telescopic eyes turned inward.
    Again, it's the contrast between the lack of boundaries and our longing for them that occupies me. For me this also encapsulates the tension between orientation and disorientation. I paint frames and complex schemes across the picture plane, the way one throws a net over reality. As a way of getting a grip on it.

M   Does the idea of the Modernist grid play a role here?

J   It's a dynamic grid, though. For me the grid works more like a web of infinitely spreading ramifications to which planes attach themselves.

M   Exactly. You could say that the Modernist grid in your work becomes a Post-modern rhizome. The canvas is not part of a flat, symmetrical order. The paintings are schemes in your spatial, rhizomatic and non-hierarchical database of images, connected by an endless internal logic, without the image referring to "an outside." And this desperate longing for an outside is a central part of our present time, what makes your work for me—excuses the expression—quite contemporary.

J   Maybe also because I—in a way that's very un-modern—am interested in the decorative. In what is meant to be recognizable and beautiful, and has no further ambition. But I give such geometrical surface patterns a disorienting twist. By using perspectival deformations, as in the "wallpaper" on the wall in the exhibition. And the impossibility of focusing also comes into play in the small, optically vibrating green gouaches. They are fragments of something that can expand to infinity. I work out structures and test them to see how long they hold out.

M   In the series of recent abstract paintings it seems to me that something new has happened.

J   I wanted to break free from earlier figurative and abstract motifs and look for the boundary where meaning seems to vanish. I wanted to make models of not-visible things, visualize concepts: like pixels, vibrations, microscopic magnification, or scientific diagrams.

M   You already told me that you like making electronic music. This too is often an abstract and artificial construction.

J   I want to change a painting's appearance. It can look like wallpaper, a fragment of a curtain, or a molecular pattern. I want to make paintings that you can experience physically, that you can listen to like an unfamiliar sound.

M   You talk about your paintings in a very sensuous way.

J   The visual is just one sense. In the painting of a singing opera singer, the auditory also comes into play. There is only the image of an image of a mimicked emotion. I find that difficulty challenging. Like the apparent impossibility of making a contemporary painting of a laughing folk dancer in a white cap.

M   What about the different groups within your work? What is the relationship between the plant series and the portraits of women, for example?

J   Here it's about the difference between reality and simulations. I paint the advertisement for a luxury watch, not the watch itself. Or I use a digital image of a cam girl, the staged reconstruction of a woman who displays herself on the Internet. I take photos of ingenious wedding hairdos as a point of departure, the ritual of the folk dance, a stuffed deer. Those alterations or remakes create distance, like the work of a taxidermist. The images refer to a reality, but I work with the simulations.

M   Can an image not be naked then? Do you see the cultural codes and clichés that you use as key images in a database?

J   Every alteration results in a translation. You make a model of reality. But opposed to this circling around all those cultural images, you have the gaze that zooms in on the plants. Those futile weeds are for me "found perfection." Something that exists entirely in and of itself, apart from any meaning created by us. In the paintings that micro-world is conserved as if under a dark glass bell jar. The image of a dead dog as the ultimate end is in my view related.

M   Naturally you make meta-images. The painting also says something about what a painting can be today.

J   I want to interact with the medium in an excessive way. To create the sensation of a "taste bomb" in which you cannot define where the taste comes from. But visually.

M   Does that mean you want to make the ingredients invisible in the result?

J   Yes, it's a kind of remixing of the means that make painting possible.

M   Although no brush is used in your recent work, for me you are a protagonist of the almost stubborn way that, in Belgium, one tries to arrive at the future with classic tools such as canvas and brush and painting. This is what unites Ghekiere, Borremans, Tuymans, Geyskens, Mannaers, Swennen and many others who apply painterly approaches. And that imperturbable engagement with the problems of painting leads to new results. To a visual language of one's own.

J   Although I strive for an expressive image, I do indeed avoid the expressive gesture of the brush. Most of the paintings are sprayed on. In earlier work I made the brushstrokes invisible by covering them with a layer of polyurethane. I am fairly precise in what I do: if I have an image in mind, I set up an investigation into the means with which I can make that image. Each painting has its own method. I will do anything to avoid illustrating. In the portraits of the cam girls I sprayed a colored ground layer with a *dégradé* ranging from light green to dark. Then I "erased" the figure by scraping away paint from the foreground. That is a reverse way of "painting" a portrait. That detour, that mix of an objective, technical process and subjective decisions is exciting to me. It's like circling the prey.

M   You want to scan and explore the periphery without violating the boundaries of the medium.

J   The means with which the painting is made—concept, pictorial strategy, facture … may have remained fundamentally unchanged since Van Eyck. But you can change the activities, the ways you arrive at the image. That is the adventure of making. Also the surprise. Sometimes I finish off a number of processes that I've agreed upon with myself, as if you were performing a score and only seeing the results at the end. Similarly, I work with templates made of Styrofoam or paper that covers existing colors or images, and with a paint gun, often on paintings that are rotating on a turntable.

M   The work becomes freer. Although it is limited to a square or rectangular canvas, or a wall.

J   It's true that I investigate what can happen within a delimited surface. I allow myself a lot of freedom because the investigation is not fixed. The three green paintings with a similar wavy blue motif acquire a certain kinship with one another in the exhibition. A series can reinforce fictive models until they become a field of mental possibilities without shape to them all.

M   The way you paint is like navigating. You use instruments to find your course and plumb the deep sea of the tradition that is painting, while at the same time you are still floating in open water. I think your position is related to what happened to photography in the seventies: all images have already been made and yet you still want to make new images. That tension makes the work highly recognizable.

J   No day at sea is ever the same. The sea is always different. This is something maps don't show. My research is the sea, not the map. But sometimes it makes things uneasy for the viewer, who doesn't get much of a handhold. I'm aware that I don't do much in the way of branding.

M   It is precisely the absence of a map that makes you a navigator.

J   For navigating one usually uses a map. The Polynesians didn't have maps, but they did have the stars—in the end, there's always something you can use. It's like standing on thin ice, a balancing act. I have a good sense of direction, I play chess, and I want to have an overview, keep things under control, but as a fervent traveler I still find that being not-oriented is much more interesting. Those curious first steps on strange and unknown terrain.

M   That's also how you move. You don't want to be the center and dominate from there. You observe how the system works, adapt to it, and operate from that position on.

J   Yes, it's a constant search, but sometimes you wander around like a vagabond in the desert who is blinded by the sand in his eyes. That's an image I've carried around with me for a long time.

Klein-Willebroek, 1/3/2015

THE BLINDNESS OF THE PAINTER
ULRICH LOOCK

In a text from 1999 Rosalind Krauss, evoking the thinking of Clement Greenberg and Michael Fried, describes what she calls the post-medium condition of art. She calls "traditional" art forms like painting or sculpture "etiolated" and considers it impossible to rearticulate them.[1] To which it should be countered, if it might not be Krauss's fixation on Greenberg's essentialist definition of the medium of painting that has led her to this judgment. If, however, the specificity of painting is seen in the division between the support and the application of paint, or in the duality of paint and color, identity does not stand in the foreground, but rather, through the particularity of the medium, painting appears split from the outset, and there are examples that acknowledge how fundamental disunity is put into effect. If the works of Joris Ghekiere are considered in terms of the specific disparity of painting, there is a coherence in the work that has escaped writers who have been impressed, above all, by changes in themes and in forms of presentation.

In 2001, Wim Peeters described Ghekiere's work as taxidermic collection and implicitly compared the painter's work to that of a preparator.[2] It is not unusual to conjure the notion of the skin as a metaphor. Some of the myths of origin of painting talk about covering human skin with a mix of balms (oil) and pollen (pigment). Later the focus was on the flesh tint, the pictorially represented color of the skin, until finally appeared the notion of incarnation: the painting itself became a body, covered by skin. But Peeters is thinking of a skin that lacks a corpus, a structure revealed by the skin that covers it. The skin that the taxidermist handles is stretched and preserved; it can be mounted onto another body, or rather a body substitute, but it will never be anything other than a simulation of itself. It is relieved of the organic bond, a diaphragm located between objects and people dealing with them, whether that be the painter, or some other observer.

Peeters also mentions that the object becomes alive as soon as the taxidermist inserts eyes in it. Released from the body, the surface is not only visible, but in turn receives the power to see. In Rainer Maria Rilke's poem "Archaic Torso of Apollo," it says, "for here there is no place that does not see you." The partial destruction of the ancient figure is the prerequisite, however, for its comprehensive optical surface sensitivity. We have never seen it, "his legendary head with eyeballs like ripening fruit," and the God figure is lacking the genital.

Ghekiere establishes his painting by making it into a disembodied skin, which is exposed to viewers in the way the viewer looks at it. The pictures emerge through superimposing layers of paint, whose divide is seemingly bridged by different types of figuration that act in turn as emblems of disconnectedness. Ghekiere often begins to paint, independent of any motive he later imposes, by laying the canvas on a turntable and spraying colors of different density to produce a concentric circle with a gradient effect. This circle is the starting point of painting, it evokes a moment of origin, it is a figure of centering and radiation, and it also has illusionistic qualities. With its illusionistic character the circle points to pictorial representation, yet the terms of representation are suspended. The concentric circle appears like the cone of vision, which is compressed towards the painting's surface like a telescope, and at the same time like the compressed cone of receding lines that are in the vanishing point. The circle can also be seen as emblem of the planar cross-section through the visual pyramid—the metaphor with which Alberti describes the central perspective picture. With the painted circle, Ghekiere withdraws the perceptual cone and the representational cone from both the eye point and the vanishing point; they both merge on the picture plane and the circle appears simultaneously as object and eye. The picture is thus released from the beginning from a fixed attachment to perception and an object of reality. If perspective representation aims at stabilizing the relationship between eye and objects and to bind them together in geometric order, Ghekiere neutralizes its terms. The conditions of the picture are thus unstable and volatile; it loses the prospect of transcendence and becomes abysmal.

The circles that appear in the paintings, along with their elliptical variations and the images of eyes or of a disco ball refer to the visual relationship to objects. The sight lines that are withdrawn to the picture plane, and their counterpart, the withdrawn receding lines of perspectival representation, create a kind of blindness, which is, in the first instance, the blindness of the painter. To be more precise, they manifest figures of pictorial blindness. Blindness marks the process of painting, blindness is produced through the painting. On top of the initial layer of paint Ghekiere superimposes additional layers using the spray gun, or another instrument that he combines with a drill. It is only occasionally that he applies paint with a brush. So, just as the link between the picture and the eye is blocked off, so too does Ghekiere withdraw the hand that touches the canvas through handling the brush. He uses templates to cover up parts of the surface leaving the remaining areas to be covered with more paint. Only later, when the protection against paint fallout is removed, will the painter see what he has painted. But when he removes the piece of paper covering the paint, parts of the still wet top layer are lost, since they remain stuck to the paper. The painter does not see what he is painting, and that which finally ends up as the finished painting is not what he painted. These processes are not left to chance, but rather does Ghekiere take great care to plan the implementation of pictorial blindness in a reliable way.

If painting is the depositing of layers of paint, which are applied to the disembodied picture support, and if the original division and duplication of the painting results in unstable sedimentation, the removal of paint is an equally valid operation. Accordingly, Ghekiere produces a large part of the pictorial figuration by using a tool made from rubber to take away previously applied paint, and exposing the layers that lie beneath. This results in a reversal: it may be that what appears to be the top layer of paint is in fact not the one that was painted last, but painted first.

An aluminum foil with polyurethane varnish mixed with black pigment poured over it, functions like a blind mirror. Instead of the automatic production of a central-perspective rendition, the blind mirror exposes a weak "petering out" sort of reflection, which does not produce precise images, but withdraws them from perception into the blurry twilight of the depths of virtual space. Ghekiere's work exposes the shiny and radiant seductive side of a painting that attracts images to make them disappear. However, this automatism is certainly an exception in his work, whose outstanding feature is the way in which the blindness of the painter and the incoherence, deception and provisory nature of the color composition are staged through various methods of painting, and this staging is also simultaneously displayed through emblematic figures. In other words, the figures appear to capture in the paintings the very pictorial reality from which they evolved. The rendering of jewelry reflects the sparkling and delusory nature of painting, which manifests itself in the blind mirror of the aforementioned work. Such an image addresses the kinds of beauty and treasure that can turn out to be cheap trumpery, as well as the category of luxury goods, which is available to both jewelry and art.

A more recent group of paintings with ornamental forms is related to instability and perception withdrawal. The displaced painted picture of a corrugated curtain or the undulating vertical ribbons, reminiscent of those strings of pearls that sometimes hang in front of doorways, but also the use of irregularly placed, overlapping colored dots create the impression of dissolving the picture plane and turning it into a membrane that is just as little tangible as the objects that it causes to blur. In one picture, an irregularly contoured shape is placed on the illusionistic waves of an undulating surface, which makes one think of the tautened animal skin of the taxidermist: two figures superimposed over each other, which both relate to the picture plane without rendering an integrated image of it. Detached from the place of seeing and of objects, the visible surface of the image itself assumes the power of seeing. Inserted into it, the monstrous disco ball is a multi-faceted eye that can look in all directions. The painting of an irregular grid appears as its projection in the surface. On the other side, Ghekiere applies circles that dissolve towards a white center to a mask-like face and paints behind it or underneath it the erotic form of a longhaired woman. Blindness is the flipside of almighty vision, the one merges with the other. The averted gaze takes part in both, seeing without an object and without being aware of a counterpart looking on from his own side. Ghekiere finds this look in the pictures of women, who have their picture taken and disseminated via electronic media, without taking any notice of the camera. If, as Rilke's poem suggests, there is a relationship between all-encompassing visual sensitivity and a lack of sexuality, the opposite seems also true and the eroticism of the body emerges with the averted gaze. The pictures of cam girls, but also the images of elaborate hairstyles reveal themselves as ideal examples of what Michael Fried has termed absorption and placed at the center of his thinking. In the work of Ghekiere, however, embodied in the withdrawal of the gaze to blindness, and its multiplication to the point of omniscience—"You must change your life"—absorption and theatricality[3] are nothing but contrasting modifications of the pictorial membrane between the eye and the objects.

With the continuity of dislocated painting and the figures of dislocation, Ghekiere stages a pictorial world of bis own that feeds on the relationships between the eye and the objects. In a wonderful article on his series of images with thistles—plants that are severed from the root and can be seen as emblems of groundlessness—Irene Schaudies ends with an invocation of "the pleasure of looking, the vicarious enjoyment of loaded brushstrokes that once had a proper, canny place in some earlier stage of our artistic existence."[4] Encountering the images, however, releases a feeling of ungraspable vertigo.

1 Rosalind Krauss, *"A Voyage on the North Sea": Art in the Age of the Post-Medium Condition* (New York: Thames and Hudson, 2000), 56.
2 Wim Peeters, in *Joris Ghekiere*, (Antwerp: Koraalberg Art Gallery, 2001).
3 Michael Fried, *Absorption and Theatricality: Painting and Beholder in the Age of Diderot* (Berkeley: University of California Press, 1980).
4 Irene Schaudies, "The Uncanny Pleasures of Plants that are not Green," in *Joris Ghekiere—California*, (Mechelen: De Garage, 2011), 62.

LETTER: TO JORIS GHEKIERE (2)
PHILIPPE VAN CAUTEREN

A while back, a painted portrait of a well-known Belgian politician was the subject of debate in the media. The only thing good about this superficial debate is that it was about painting. Permit me to add an anecdote, but one that is significant in terms of the way painting is perceived. A couple of days ago I had a competent journalist on the line who had just received an invitation to your exhibition at the S.M.A.K. He wondered whether the dark (in both senses of the word) painting of the girl from Zeeland was a portrait of a Flemish minister. The similarities, according to him, were striking. I had the feeling that for him, this was fodder for an article or controversy. But I had to disappoint him, saying that such a portrait might be that for another painter, but not for Joris Ghekiere. Portraits turn up in your work, obviously, but so do landscapes, objects, plants and abstract motifs. Between the reality that conditions us and your work is a veiled haze. We think we have found a handhold in something that looks like something else, but the construction of the painted image detaches image and observer, tears them apart. Nothing has to do with recognition or representation, everything is determined by the action and thinking of painting. A painting is a "mille-feuille" of color, form, structure, rhythm, density, transparency … but above all it is a soberly viewed object of which the possibilities are to be investigated. Of course the choice of motifs that you will subject to painterly treatment is not capricious—on the contrary. Often they are objects or surfaces that embody a longing for beauty, or the illusion thereof. But as a painter you pierce that illusion and provoke painting. It is no coincidence that the exhibition is called "Tomorrow." "Tomorrow" can be a bucolic idyll, but also an abyss. Do you depict the possibilities of your own medium this way? Is it a cynical wink at the difficulty of maintaining the notion of progress? "Tomorrow Maybe" is painted on the work. The background consists of mechanically applied concentric circles in dirty green. In the foreground we see a light blue plane in perspective with the words "TOMORROW" and "MAYBE." The letters are empty and hollow, like the message. One word (tomorrow) has the apparent confidence of a political discourse or embraces the lie of an advertising slogan. The other word (maybe) is one I hear the artist say himself. It is the artist's critical capacity to make a marginal note, to delete or to shade. "Maybe" also indicates doubt, the exploration of possibilities. It gives form to the vocabulary of the experiment of painting, whatever it means to you. Just as the word tomorrow represents a projection or a blank canvas, your work is an open invitation to question the possibilities of painting today. Although I can imagine that the decorum and the luster of a politician might inspire you formally, I know that the Flemish eminence in question will have to be immortalized in oil on canvas by someone else. The politics of painting take place within the walls of the studio, the politics of looking within the walls of the museum.

Visé, 4 March 2015

NOTES FOR A CONVERSATION ON THE WORK OF J.G.
LUC TUYMANS

(RAGTIME)

constat field (sq. force) ink too

Stereotype / overlooked
on het bat

Ont kanen w/t statische krachten
en het anieke bazikspent w/t
schilder

(RELATION VISIBILITY and
INVISIBILITY)

NO confrontation WITH THE
School OF THE image

But we don't see an image
in terms of what it confronts
moreover the often image of this
or that particular image

INTENT TOWARDS THE image as
A general Fenomenon

Romantic chton THE happoan
on THE idyllic

FIRST ABOUT inclusion — exclusion
ABSTRACT image
Balance BETWeen formal
clarity of scientific
Diagrams AND THE
graphic splendour of
appealing publicity

MACRO TELESCOPIC VISION
to go beyond what is panceptual
electromagnetic into prominent
UNIVERSE
rather REVEALS THE true breadth
OF seeing our blindness in THE
interaction between reality and
perception

vertical AVALANCHE down and slide
Fragmentation classification sheet
to proportional laminate
Then swim the possibility o,
its come pon many
And the de identify's itse[l]
passive presence of an inter
a part of something without
surroundings kra po[s]

Loss of memory
Losing memory

AMNESIA
ANESTHETICS -
HYPNOSIS.
ROTATION
GRAVITY.
Compulsiness.

The surround of
vegetation in the
proces of growth
or rotting

Affirmation <=> how affirma
of the image

A liquid linical understan
of the mouth
A drinkable image
image of nourishment passing thro

into established in A subsm
vacuumly packard.

procos — production — and the
product

The Food chain

Beauty +
Wrong places.

question
Blindness.

9

date

17 enest
Hlaube book book

Rekur VlOT . Brah
biig concht .
/Am SiCH .

Roparloce Moluchle .
World BAnk
Kuina THoaüe .

Gnooh. Croon Cnoon.

Bömm zoobr BOita .

volbr bm
Uniform . Choreognf .
Lanbrd publicank regeh .
Lankerd omherzjen zu ctunel .

Kapoon Jobh .

Hlo prip .
parforaTioral monTAl
surface
AH figunation < >
AL2 Heiman .

- LIGHT -
- Green - Green - Green

Verticality
Vertical Filling
Tidy out DEBT

Throw Way
Negative positive space.
Inversion of
Seduction.

Portraits Move Look
outside of
The Frames
Cam Head ForeHead Forward.

EyeTest
Confetti

MODELS. RETINAL.

CIRKELEN ROND EEN PROOI

MARTIN GERMANN De twee grote muurschilderingen in de tentoonstelling in het SMAK doen me denken aan de zandcirkels die je vroeger maakte op je reizen. Is er een verband?

JORIS GHEKIERE Natuurlijk zijn beide figuren cirkels. Maar de ene zijn een tijdverdrijf tijdens mijn vakanties, de muurschilderingen zijn een kunstwerk in een museum. Bij het maken van zo'n zandcirkel draai ik met wrakhout rond een punt in het landschap, meestal een verlaten strand of woestijn. Dat is een fysiek proces dat eenvoudig leesbaar is. De muurschilderingen in de tentoonstelling daarentegen zijn abstracte werken, concentrische *dégradés* van wit tot smaragdgroen. Wat zij betekenen is een volledig open kwestie.

M Toch vind ik net het contrast interessant, tussen het fysieke van zo'n cirkel in het zand en het afstandelijke, eerder mentale aspect van je werk.

J Kijk, het beeld van de muurschilderingen heeft eigenlijk geen grens. Misschien wél een buitengrens – ik had tenslotte maar de plaats die ik had – maar in het midden, in het wit, kan men er geen vastleggen. Daar houdt het fysieke op, en begint het mentale. Dat contrast tussen het grenzeloze en ons verlangen naar focus is wat mij fascineert. Het schilderij van de discobal – trouwens het enige schilderij van een 'voorwerp' in de tentoonstelling – gaat ook daarover. In Tibet zag ik boven grote boeddhabeelden aan het plafond een spiegelende metalen bal hangen. De idee is dat de boeddha via de bal heel de wereld kan zien. Grenzeloos, in alle richtingen. Dat vind ik mooi.

M Dat gegeven van 'alles in één/één in alles' is terug te vinden in het modernisme: het alziende oog dat alles ziet vanuit één standpunt, de panoramische blik, en ook het aspect van controle in het panopticum. Is dat herkenbaar?

J Ja, overzicht is belangrijk, maar een beeld ontstaat door focus. Een discobal die ronddraait en de wereld reflecteert, kan nooit in één, zelfs niet in een eindige reeks van beelden, vastgelegd worden. En omgekeerd is totale focus ook onmogelijk, want over een bepaalde grens wordt hij introspectief. Net die metafoor gebruikte curator Ulrich Loock voor een van mijn portretten: die van een blind personage met naar binnen geschoven telescopische ogen.
Opnieuw, het is het contrast tussen het gebrek aan grenzen en ons verlangen ernaar dat mij bezig houdt. Daarin ligt voor mij ook een spanning tussen oriëntatie en desoriëntatie. Ik schilder *frames* en complexe schema's over het beeldvlak, zoals men een net zou gooien over de werkelijkheid. Als om er vat op te krijgen.

M Speelt hier het idee van de modernistische *grid*?

J Maar dan een dynamische *grid*. Het raster werkt voor mij eerder als een web van eindeloos verder lopende vertakkingen, waar vlakken zich op vastzetten.

M Precies. Je zou kunnen zeggen dat de modernistische *grid* in jouw werk een postmodernistisch *rizoom* wordt. Het canvas is geen deel van een vlakke, symmetrische orde. De schilderijen zijn dan schema's van jouw ruimtelijke, rizomatische en hiërarchieloze database van beelden, geconnecteerd in een eindeloze binnenlogica, zonder dat het beeld nog naar 'een buiten' verwijst. En dit wanhopig verlangen naar een 'buiten' is een essentieel aspect van onze huidige tijd, wat jouw werk voor mij – excuseer me voor het lullige woord – 'hedendaags' maakt.

J   Misschien ook omdat ik – zeer onmodern – geïnteresseerd ben in het decoratieve. In wat bedoeld is om herkenbaar en mooi te zijn, en niets ambieert. Maar ik geef aan zulke geometrische oppervlaktepatronen een desoriënterende *twist*. Door perspectivische vervorming zoals in het 'behangpapier' op de muur in de tentoonstelling. En ook in de kleine, optisch vibrerende groene gouaches speelt de onmogelijkheid om te focussen. Het zijn fragmenten van iets dat eindeloos verder kan uitdijen. Ik werk structuren uit, en test hoe lang ze stand houden.

M   In de reeks recente abstracte schilderijen lijkt me iets nieuws te zijn gebeurd.

J   Ik wilde loskomen van vroegere figuratieve en abstracte motieven, en zoeken naar de grens waar betekenis lijkt te verdwijnen. Ik wilde modellen maken van niet-zichtbare dingen, concepten visualiseren: zoals pixels, vibraties, microscopisch inzoomen, of wetenschappelijke diagrammen.

M   Je vertelde me al dat je graag elektronische muziek maakt. Ook dat is vaak een abstracte en artificiële constructie.

J   Ik wil het aanzien van een schilderij veranderen. Het kan er uitzien als behangpapier, een fragment van een gordijn of een moleculair patroon. Ik wil schilderijen maken die je fysiek kan ervaren, beluisteren als een onbekende klank.

M   Je spreekt op een heel zintuiglijke manier over je schilderijen.

J   Het visuele is maar één zintuig. In het schilderij van een zingende operazangeres speelt ook een auditief gegeven. Er is alleen het beeld van een beeld van een nagespeelde emotie. Die moeilijkheid vind ik uitdagend. Zoals de schijnbare onmogelijkheid om een hedendaags schilderij te maken van een lachende volksdanseres met een wit kapje.

M   Hoe zit dat met de verschillende groepen in je werk? Hoe staat bijvoorbeeld de reeks planten in relatie tot de vrouwenportretten?

J   Hier speelt het verschil tussen werkelijkheid en simulaties. Ik schilder de advertentie voor een luxueus horloge, niet het horloge zelf. Of ik gebruik een digitaal beeld van een *cam girl*, de opgevoerde reconstructie van een dame die zich te kijk zet op het internet. Ik vertrek van foto's van ingenieuze trouwkapsels, van het ritueel van de volksdans, van een opgezet hert. Die bewerkingen of *remakes* creëren een afstand, zoals in de praktijk van een taxidermist. De beelden verwijzen naar een realiteit, maar ik werk met de simulaties.

M   Kan een beeld dan niet naakt zijn? Zie je de culturele codes en clichés die je gebruikt als sleutelbeelden in een database?

J   Bij iedere bewerking zit je natuurlijk met een vertaling. Je maakt een model van de werkelijkheid. Maar tegenover dat cirkelen rond al die culturele beelden, staat de blik die inzoomt op de planten. Dat futiel onkruid is voor mij de 'gevonden perfectie'. Iets dat helemaal op zich bestaat, los van een door ons gegeven betekenis. Die microwereld wordt in de schilderijen als onder een duistere stolp geconserveerd. Het beeld van een dode hond als ultiem eindpunt sluit daar in mijn gevoel bij aan.

M   Je maakt vanzelfsprekend meta-beelden. Het schilderij zegt ook iets over wat een schilderij kan zijn vandaag.

J   Ik wil op een excessieve manier omgaan met het medium. De sensatie creëren van een 'smaakbom' waarbij je niet kan definiëren waar de smaak vandaan komt. Maar dan visueel.

M   Wil je dan de ingrediënten in het resultaat onzichtbaar maken?

J   Ja, het is een soort remixen van de middelen die de schilderkunst mogelijk maken.

M   Hoewel er in je recent werk geen penseel aan te pas komt, ben je voor mij een protagonist van de bijna koppige manier waarop in België geprobeerd wordt om met klassieke tools zoals doek en borstel het schilderij naar de toekomst te trekken. Dat is wat Ghekiere, Borremans, Tuymans, Geyskens, Mannaers, Swennen en vele anderen die schilderkunstige benaderingen toepassen verenigt. En dat onverstoorbaar werken met de problemen van de schilderkunst leidt naar nieuwe resultaten. Naar een eigen visuele taal.

J   Hoewel ik een expressief beeld nastreef, vermijd ik inderdaad de expressieve schriftuur van het penseel. De meeste schilderijen zijn gespoten. In vroeger werk maakte ik de toets van het penseel onzichtbaar door er een laag polyurethaan over te gieten. Ik ben vrij precies in wat ik doe: als ik een beeld voor ogen heb, zet ik een onderzoek op over de middelen waarmee ik dat beeld zal realiseren. Ieder schilderij heeft zijn eigen methode. Ik zal alles doen om niet te illustreren. In de portretten van de *cam girls* spoot ik op een gekleurde ondergrond een *dégradé* van lichtgroen naar donkergroen. Daarna ging ik de figuur 'uitwassen', door verf weg te schrapen uit de voorgrond. Dat is een omgekeerde manier om een portret te 'schilderen'. Die omweg, die mix van een objectief technisch procédé en subjectieve beslissingen, vind ik boeiend. Het is als het omcirkelen van een prooi.

M   Je wil de periferie aftasten en verkennen zonder de grenzen van het medium te overschrijden.

J   De middelen waarmee het schilderij gemaakt wordt – buiten concept, beeldstrategie, schriftuur, … – zijn sinds Van Eyck misschien niet fundamenteel veranderd. Maar je kan de handelingen veranderen, de manieren hoe je het beeld bekomt. Dat is het avontuur van het maken. De verrassing ook. Ik werk soms een aantal procédés af die ik met mezelf heb afgesproken, zoals je een partituur zou uitvoeren, en dan zie ik pas op het einde het resultaat. Zo werk ik met sjablonen uit piepschuim of papier die bestaande kleuren of beelden afdekken, en met een verfpistool, vaak op schilderijen die roteren op een draaischijf.

M   Het werk wordt vrijer. Al blijft het beperkt tot een vierkant of rechthoekig doek, of de muur.

J   Ik onderzoek inderdaad wat er kan gebeuren binnen een afgebakend vlak. Ik permitteer me veel vrijheid omdat het onderzoek niet vast ligt. De drie groene schilderijen met het gelijkaardig blauw golvend motief gaan in de tentoonstelling wel een verwantschap met elkaar aan. Een reeks kan fictieve modellen versterken tot een veld van mentale mogelijkheden, zonder die allemaal vorm te geven.

M   Je manier van schilderen lijkt op navigeren. Je gebruikt instrumenten om je koers te zoeken en te peilen binnen de diepe zee van de traditie van het schilderij, maar blijft tegelijk dobberen in open water. Ik vind je houding verwant met wat er in de jaren 70 onder meer in de fotografie gebeurde: alle beelden zijn al gemaakt en toch wil je nieuwe beelden maken. Die spanning maakt het werk heel herkenbaar.

J   Geen dag op zee is dezelfde. De zee is altijd anders. Dit is iets wat kaarten niet tonen. Mijn onderzoek is de zee, niet de kaart. Maar het maakt het soms ook onrustig voor de toeschouwer die weinig houvast krijgt. Ik besef dat ik weinig 'branding' creëer.

M   Net het missen van een kaart maakt je tot een navigator.

J   Voor navigatie gebruikt men doorgaans een kaart. De Polynesiërs hadden geen kaarten, maar zij hadden dan de sterren - enfin, er is altijd wel iets dat je kan gebruiken. Het is de situatie van op glad ijs staan, een evenwichtsoefening. Ik heb een goede oriëntatie, ben een schaker en wil overzicht en controle houden, maar toch vind ik als fervent reiziger het niet-georiënteerd zijn veel interessanter. Het nieuwsgierig betreden van vreemd en ongekend gebied.

M   Zo beweeg je je ook. Je wil geen middelpunt zijn en van daaruit domineren. Je observeert hoe het systeem werkt.

J   Ja, het is een continu zoeken, maar soms loop je rond als een woestijnzwerver die verblind is door het zand in zijn ogen. Dat is een beeld dat ik al lang met me meedraag.

Klein-Willebroek, 1/3/2015

DE BLINDHEID VAN DE SCHILDER
ULRICH LOOCK

In een tekst uit 1999 waarin ze in discussie treedt met het denken van Clement Greenberg en Michael Fried, omschrijft Rosalind Krauss wat zij de postmediale toestand van de kunst noemt. Ze bestempelt 'traditionele' kunstvormen als schilder- of beeldhouwkunst als uitgeleefd en acht het niet mogelijk ze heruit te vinden of een nieuwe relevantie te verlenen.[1] Daarbij moeten we ons toch de vraag stellen of het misschien de fixatie van Krauss op Greenbergs essentialistische definitie van het medium schilderen is die tot dit oordeel heeft geleid. Als we daarentegen het specifieke van schilderkunst gaan zien in het onderscheid tussen schilderoppervlak en verflaag, of in het dubbelspel van kleur en materialiteit, dan is niet haar identiteit zichtbaar, maar, door de specificiteit van het medium, toont de schilderkunst zich in oorsprong gespleten, en er zijn voorbeelden aan te halen van hoe die fundamentele dubbelheid operationeel wordt. Bekijken we de werken van Joris Ghekiere vanuit de specifieke dispariteit van de schilderkunst, dan zien we een coherentie in het oeuvre, die auteurs die vooral onder de indruk zijn van de wisselende motieven en stijlverschillen niet hebben opgemerkt.

Wim Peeters heeft het werk van Ghekiere in 2001 als taxidermische verzameling beschreven en het werk van de schilder impliciet vergeleken met dat van een preparateur.[2] Het is niet ongewoon om de schilderkunst als een huid te zien. Tot haar oorsprongsmythen horen verhalen over de bedekking van de menselijke huid met zalven (olie) waarin gekleurd stuifmeel (pigment) wordt gemengd; later wordt het inkarnaat een thema, namelijk de schilderkunstig weergegeven huidskleur, tot we uiteindelijk tot het idee van een incarnatie komen: het schilderij wordt zelf een lichaam dat door een huid wordt bedekt. Maar Peeters heeft een huid voor ogen, los van een structuur die juist zichtbaar wordt doorheen de bedekking. De huid door de preparateur behandeld, wordt opgespannen en geconserveerd, ze kan over een ander lichaam of liever, een surrogaatlichaam, gespannen worden maar ze zal nooit iets anders zijn dan een simulatie van zichzelf. Ze is ontheven van haar organische dienstbaarheid een diafragma geworden tussen de objecten en diegenen die ze willen benaderen, hetzij de schilder of een toeschouwer.

Peeters vermeldt ook dat het object levend wordt zodra de preparateur er de ogen in aanbrengt. Losgemaakt van het lichaam is het oppervlak niet alleen zichtbaar, maar verkrijgt het op zijn beurt de potentie te zien. In Rainer Maria Rilke's gedicht *Archaïsche Torso van Apollo* heet het 'want er is geen plek, die jou niet ziet'. De gedeeltelijke vernietiging van de antieke figuur is echter een voorwaarde voor zijn alomvattende optische oppervlakgevoeligheid. We hebben het nooit gezien, 'die fantastische kop, met ogen als appels rijp', de goddelijke figuur ontbeert een geslacht.

Ghekiere positioneert zijn schilderkunst zo, dat hij er een lichaamsloze huid van maakt die zich verhoudt tot de kijker afhankelijk van diens manier van kijken. De beelden ontstaan door de superpositie van lagen verf, zonder onderling verband. Slechts schimmen van disparate figuratie overbruggen de kloof, op hun beurt solipsistische betekenaars. Vaak begint Ghekiere te schilderen, los van het motief dat later wordt ingevoegd, door het doek op een draaiende schijf te plaatsten, er in verschillende dichtheid verf op te spuiten, en zo een concentrische cirkel met een kleurverloop (dégradé) te produceren. De cirkel is het begin van het schilderij, hij roept een moment van oorsprong op, is een figuur van concentratie en uitstraling – bovendien heeft hij bij Ghekiere ook illusionistische kwaliteiten. Met zijn illusionaire karakter verwijst de cirkel naar de schilderkunstige representatie, maar de voorwaarden voor representatie worden uitgesteld. De concentrische cirkel verschijnt als de zichtkegel die teleskopisch ineengeschoven is op het vlak en tegelijkertijd als de ineengeschoven kegel van

de monofocaal-perspectivistische afbeelding.
De cirkel kan men ook zien als emblematische afbeelding van een vlakke doorsnede
van de zichtpiramide – de metafoor waarmee
Alberti het centrale (of lineaire) perspectief
beschrijft. Met de geschilderde cirkel
ontvreemt Ghekiere zowel de kegel van de
waarneming als de kegel van de afbeelding,
weg van het oog en weg van het vluchtpunt.
Beide versmelten met elkaar op het beeldvlak
en de cirkel verschijnt tegelijkertijd als object
en als oog. Daarmee is het beeld van meet
af aan losgekoppeld van de vaste band met
de waarneming en een object uit de realiteit.
Als het de bedoeling van de perspectiefvoorstelling is om de verhouding tussen oog en
dingen te stabiliseren en beide met elkaar te
verbinden in een geometrische ordening, dan
neutraliseert Ghekiere beider condities. Om
die reden zijn de verhoudingen van het beeld
instabiel en vluchtig, het verliest het uitzicht
op transcendentie en wordt onpeilbaar.

De in de beelden veelvuldig verschij-
nende cirkels, inclusief hun tot ellipsen
geworden varianten evenals afbeeldingen
van ogen of een discobal, verwijzen naar
de visuele relatie met de dingen. Op het
beeldvlak teruggetrokken zichtlijnen en
hun eveneens samengeklapte tegenhangers,
dieptelijnen van de perspectiefvoorstelling,
creëren een soort blindheid, die in de eerste
plaats de blindheid van de schilder is.
Preciezer uitgedrukt: ze laten figuren van
schilderkunstige blindheid zien. Blindheid
kenmerkt het proces van het schilderen,
blindheid wordt gegenereerd door het
schilderen. Over een eerste verflaag brengt
Ghekiere verdere lagen aan. Hiervoor
gebruikt hij een met perslucht aangedreven
verfspuit of nog, een instrument dat hij met
een boormachine verbindt. Slechts zelden
brengt hij de verf aan met een kwast. Zoals
de verbinding van het beeld met het oog
doorgesneden wordt, trekt Ghekiere ook de
hand terug die middels het penseel het doek
beroert. Hij maakt gebruik van sjablonen,
waarmee hij delen van het beeldvlak afdekt
om de resterende vrije plekken met verf te
kunnen bedekken. Pas later, als de afdek-
king waar geen verf komt weer verwijderd
is, zal de schilder zien wat hij geschilderd

heeft. Maar wanneer hij het op de verf geleg-
de papier wegtrekt, gaan ook delen van de
bovenste, nog natte verflaag verloren, ze blij-
ven aan het papier hangen. De kunstenaar
ziet niet wat hij schildert en wat uiteindelijk
als voltooid schilderij te zien is, is niet wat
hij geschilderd heeft. Daarbij gaat het niet
om toevallige omstandigheden, Ghekiere
gaat integendeel zeer zorgvuldig te werk om
de vertaling van schilderkunstige blindheid
betrouwbaar te plannen.

Als het schilderen het opbrengen van
verflagen is op een lichaamsloze beelddra-
ger, en als de principiële gespletenheid en
dubbelheid van de schilderkunst neerslaat
als een onstabiel sediment, dan is het
verwijderen van verf een gelijkwaardige
operatie. Aldus produceert Ghekiere een
groot deel van de schilderkunstige figuratie
door met een rubberen instrument eerder
opgebrachte verf weer weg te nemen en
diepere lagen bloot te leggen. Dit resulteert
in een omkering: wat als bovenste kleurlaag
verschijnt, kan datgene zijn wat niet op het
laatst, maar wat eerst geschilderd werd.

Een beeld dat bedekt is met hoogglan-
zende donkere verf en plastische residuen
bevat met inclusies van gestolde verfresten,
werkt als een blinde spiegel. In plaats van
de vanzelfsprekende productie van een
perspectiefgetrouwe weergave geeft de
blinde spiegel een zwakke, zich oplossende
reflectie die geen precieze beelden oplevert,
maar ze onttrekt aan de waarneming en
ze laat verduisteren in de diepte van de
virtuele ruimte. Dit werk vertegenwoordigt
een glanzende en stralende, meeslepende
kant van een schilderkunst die beelden
opslorpt om ze vervolgens te laten verdwijnen. Dergelijk automatisme is evenwel een
uitzondering in het oeuvre van Ghekiere.
Veeleer kenmerkend voor zijn werk is
het feit dat de blindheid van de schilder
en de incoherentie, de misleiding en het
voorlopige karakter van de verfconstructie
niet alleen via allerhande methoden uit
de schilderpraktijk geënsceneerd worden,
maar dat deze enscenering gelijktijdig
door een emblematische figuratie uitge-
beeld wordt. Anders gezegd, de figuratie
lijkt juist de schilderkundige realiteit

waaruit ze ontstaan is in beelden te vatten. Zo weerspiegelt de weergave van sieraden het fonkelende en bedrieglijke wezen van de schilderkunst, zoals dat zich in de blinde spiegel van bovengenoemd werk manifesteert. Een referentie naar schoonheid en kostbaarheid, die echter ook goedkope rommel kan blijken, even toepasbaar op de categorie van luxegoederen, in gelijke mate beschikbaar voor juwelen als voor kunst.

Een recentere groep schilderijen met decoratieve motieven onderzoekt instabiliteit en het falen van de waarneming. Het contextloos geschilderde beeld van een gegolfd gordijn of van golvende verticale banden die aan de parelsnoeren doen denken die soms voor deuropeningen hangen, maar ook onregelmatig geplaatste, elkaar bedekkende gekleurde stippen, geven de indruk het beeldvlak op te lossen en er een membraan van te maken dat net zo onvatbaar is als de dingen die het doet vervagen. Bij één beeld werd op de illusionistische golven van een ondulerend oppervlak abrupt een onregelmatig begrensde vorm geplaatst die aan de opgespannen dierenhuid van een preparateur doet denken: twee beelden overlappen elkaar en beide hebben betrekking op het beeldvlak, zonder er een geïntegreerd beeld van te geven.

Afgesneden van de plaats van het zien en van de dingen, trekt het zichtbare vlak van het beeld zelf de macht van het zien naar zich toe. De in dat vlak aangebrachte monsterlijke discobal is een oog vol facetten dat een blik in alle richtingen mogelijk maakt. Het schilderij van een onregelmatig raster lijkt er in de vlakken de projectie van. Aan de andere kant plaatst Ghekiere concentrische cirkels die oplossen in een witte middelpartij in een maskerachtig gezicht en schildert daarachter of daaronder de erotische gestalte van een vrouw met lane haren. Blindheid is de keerzijde van almachtig zien, het ene gaat in het andere over. Aan beide participeert de afgewende blik, het zien zonder een object en zonder het bewustzijn van een tegenhanger die ook ziet. Deze blik vindt Ghekiere in de beelden van vrouwen die hun eigen beeld door een camera laten nemen en het via elektronische kanalen verspreiden zonder

nota te nemen van de camera. Indien het, zoals Rilke's gedicht suggereert, zo is dat er een relatie bestaat tussen omvattende visuele gevoeligheid en ontbrekende seksualiteit dan zal, omgekeerd, met de afgewende blik de erotiek van het lichaam naar voren treden. De beelden van de *cam girls*, net als de beelden van kunstzinnige kapsels, tonen zich als ideaaltypische voorbeelden van een houding die Michael Fried als 'absorptie' centraal in zijn denken heeft geplaatst. Absorptie en theatraliteit[3], belichaamd in het terugtrekken van de blik tot en met blindheid en in zijn vermenigvuldiging tot en met alziendheid -'Je moet je leven veranderen'- zijn in het werk van Ghekiere echter niets anders dan uiteenlopende modificaties van een picturaal membraan tussen het oog en de dingen.

Met het continuüm tussen een ontwrichte schilderkunst en figuraties van ontwrichting ensceneert Ghekiere zijn eigen picturale wereld die teert op de verhoudingen tussen het oog en de dingen. In een bewonderenswaardige artikel over Ghekieres beeldenreeks met distels – planten die boven de wortel afgeknakt zijn en die als symbolen van ontworteling gezien kunnen worden – besluit Irene Schaudies met de bezwering van 'het plezier van het kijken, het plaatsvervangende plezier van geladen penseelstreken die ooit een eigen, behaaglijke plaats hadden in een eerder stadium van ons artistiek bestaan'.[4] De ontmoeting met de beelden zou echter ook kunnen aanleiding geven tot diepe ontsteltenis.

1   Rosalind Krauss, *"A Voyage on the North Sea": Art in the Age of the Post-Medium Condition* (New York: Thames and Hudson, 2000), 56.
2   Wim Peeters, in *Joris Ghekiere*, (Antwerp: Koraalberg Art Gallery, 2001).
3   Michael Fried, *Absorption and Theatricality: Painting and Beholder in the Age of Diderot* (Berkeley: University of California Press, 1980).
4   Irene Schaudies, "The Uncanny Pleasures of Plants that are not Green," in *Joris Ghekiere—California*, (Mechelen: De Garage, 2011), 62.

BRIEF: AAN JORIS GHEKIERE (2)
PHILIPPE VAN CAUTEREN

Een tijd terug was een geschilderd portret van een bekend Belgisch politicus voorwerp van debat in de media. Het enige goede aan dit oppervlakkige debat is dat men het tenslotte toch over schilderkunst had. Sta me hierbij aansluitend toe een anekdote te vertellen, maar één die betekenisvol is, over hoe naar schilderkunst gekeken wordt. Een paar dagen geleden had ik een bekwame journalist aan de lijn die net de uitnodiging voor jouw tentoonstelling in S.M.A.K. ontvangen had. Hij vroeg zich af of het donkere (zelfs duistere) schilderij van het Zeeuws meisje een portret was van een Vlaams minister. De gelijkenissen waren volgens de man treffend. Ik voelde dat voor hem hier onmiddellijk voer voor een artikel of controverse in zat. Maar ik heb hem moeten teleurstellen door te zeggen dat een dergelijk portret iets kan zijn voor een andere kunstenaar, maar niet voor Joris Ghekiere. Er duiken portretten in jouw werk op, vanzelfsprekend, maar net zoals er landschappen, objecten, planten, abstracte motieven in terug te vinden zijn. Tussen de ons bepalende werkelijkheid en jouw werken is er een gesluierde waas. We vermoeden een houvast te vinden bij iets wat op iets anders lijkt, maar de constructie van het geschilderde beeld onthecht en ontwringt het beeld en de waarnemer. Niets heeft met erkenning of representatie te maken, alles is bepaald door de handeling en het denken van het schilderen. Een schilderij is een 'mille-feuille' van kleur, vorm, structuur, ritme, densiteit, transparantie… Maar bovenal is het nuchter beschouwd een object waarvan de mogelijkheden te onderzoeken zijn. Natuurlijk is de keuze van de motieven die door jou gebruikt worden om schilderkunstig behandeld te worden niet willekeurig, wel integendeel. Vaak gaat het om objecten of oppervlaktes die een verlangen naar schoonheid of de illusie ervan belichamen. Maar als schilder perforeer je de illusie en provoceer je de schilderkunst. Het is geen toeval dat de tentoonstelling 'Tomorrow' heet. 'Tomorrow' kan een bucolische idylle zijn maar ook de afgrond van alles. Geef je hiermee de mogelijkheden van je eigen medium weer? Is het een cynische kwinkslag naar een moeilijk vol te houden vooruitgangsdenken? 'Tomorrow Maybe' staat op het werk geschilderd. De achtergrond bestaat uit mechanisch aangebrachte concentrische cirkels in vuil groen. Op de voorgrond zien we in perspectief en in een lichtblauw gevat vlak de woorden 'TOMORROW' en 'MAYBE'. De letters zijn leeg en hol, net zoals de boodschap. Het ene woord (tomorrow) heeft de vermoedelijke trefzekerheid van een politiek discours of omarmt de leugen van een reclameboodschap. Met het andere woord (maybe) hoor ik de kunstenaar spreken. Het is het kritisch vermogen van de kunstenaar om een kanttekening te maken, om zichtbare zekerheden te doorhalen of te arceren. 'Maybe' geeft ook de twijfel aan, het aftasten van mogelijkheden. Het geeft gestalte aan het vocabularium van het experiment van het schilderen, wat het ook voor jou is. Net zo goed als het woord 'morgen' een open projectie of blank canvas is, zo is jouw werk een open uitnodiging om de mogelijkheden van het schilderen vandaag te bevragen. Hoewel ik kan vermoeden dat het decorum en de glans van een politicus jou vormelijk zou kunnen inspireren, weet ik dat de bewuste Vlaamse eminentie door iemand anders in verf op doek zal vereeuwigd moeten worden. De politiek van het schilderen gebeurt immers tussen de muren van het atelier, de politiek van het kijken tussen de muren van het museum.

Visé, 4 maart 2015

This volume is published on the occasion of
the exhibition: Joris Ghekiere, TOMORROW
14/03/2015 – 24/05/2015,
S.M.A.K., Gent

Published by:
MER. Paper Kunsthalle & S.M.A.K., Ghent
www.merpaperkunsthalle.org
www.smak.be

Texts: Ulrich Loock, Martin Germann,
  Philippe Van Cauteren
Editing: Inge Henneman in conversation
  with Luc Derycke
Copy-editing: Colette Broeckaert,
  Duncan Brown
Translations: Irene Schaudies,
  Duncan Brown, Steven Tallon
Photography: Philip Boël, Joris Ghekiere,
Pieter Huybrechts, Johan Luyckx
Design: Joris Ghekiere in conversation with
Luc Derycke & Ruud Ruttens,
  Studio Luc Derycke
Printing: Cassochrome, Waregem

www.jorisghekiere.com

The artist wishes to thank:
Philippe Van Cauteren
Martin Germann
Thibaut Verhoeven
Ulrich Loock
Luc Derycke
Win Vanden Abbeele
Luc Tuymans
Wim en Hilde Waumans
Michael Van Beirendonck
Dirk Vander Eecken
Marc Luyten
Jelle Henneman

The lenders:
Rik Doyen
Kate Vos en Lieven Thyrion
Lu Moons en Dirk Breës
Stijn Dejagere
Broelmuseum Kortrijk
M HKA Antwerpen
Stichting Den Arend Mechelen

Special thanks:
Inge Henneman
Abel en Orlan Ghekiere

LIST OF WORKS / LIJST VAN WERKEN

1   z.t. untitled, 2014. Detail. Olie op doek/oil on canvas, 200 × 115 cm
2   z.t. untitled, 2001. Aluminiumfolie/aluminium foil, polyurethane,
pigment op hout/ pigment on wood
3   z.t. untitled, 2014. Olie op doek/oil on canvas, 120 × 100 cm
4   z.t. untitled, 2013. Olie op doek/oil on canvas, 145 × 115 cm
      z.t. untitled, 2015. Olie op doek/oil on canvas, 120 × 100 cm
5   z.t. untitled, 2013. Olie op doek/oil on canvas, 200 × 160 cm
6   z.t. untitled, 2013. Olie op doek/oil on canvas, 145 × 115 cm
      z.t. untitled, 2015. Olie op doek/oil on canvas, 80 × 60 cm
7   behangpapier/wallpaper, variabele dimensie/variable dimension
      z.t. untitled, 2015. waterverf op papier/water colour on paper, 29 × 39 cm
      z.t. untitled, 2015. waterverf op papier/water colour on paper, 29 × 39 cm
8   z.t. untitled, 2010. Olie op doek/oil on canvas, 200 × 115 cm
      z.t. untitled, 2010. Olie op doek/oil on canvas, 200 × 115 cm
      z.t. untitled, 2010. Olie op doek/oil on canvas, 200 × 105 cm
9   z.t. untitled, 2010. Olie op doek/oil on canvas, 145 × 115 cm
10   simulatie/simulation
11   z.t. untitled, 2014. Olie op doek/oil on canvas, 200 × 115 cm
12   z.t. untitled, 2007. Olie op doek/oil on canvas, 145 × 115 cm
      z.t. untitled, 2007. Olie op doek/oil on canvas, 145 × 115 cm
13   z.t. untitled, 2007. Olie op doek/oil on canvas, 145 × 115 cm
14   z.t. untitled, 2010. Olie op doek/oil on canvas, 145 × 115 cm
15   z.t. untitled, 2010. Olie op doek/oil on canvas, 120 × 100 cm
16   z.t. untitled, 2014. Olie op doek/oil on canvas, 200 × 115 cm
      z.t. untitled, 2014. Olie op doek/oil on canvas, 200 × 115 cm
      z.t. untitled, 2014. Olie op doek/oil on canvas, 200 × 115 cm
17   z.t. untitled, 2014. Olie op doek/oil on canvas, 200 × 115 cm
      z.t. untitled, 2014. Olie op doek/oil on canvas, 200 × 115 cm
18   z.t. untitled, 2015. Olie op doek/oil on canvas, 200 × 160 cm
19   z.t. untitled, 2013. Olie op doek/oil on canvas, 145 × 115 cm
20   z.t. untitled, 2010. Olie op doek/oil on canvas, 200 × 115 cm
21   z.t untitled, 2008. Olie op doek/oil on canvas, 120 × 100 cm
      z.t. untitled, 2007. Olie op doek/oil on canvas, 145 × 115 cm
22   z.t. untitled, 2007. Olie op doek/oil on canvas, 120 × 100 cm
23   simulatie/simulation
24   collage
25   z.t. untitled, 2010. Olie op doek/oil on canvas, 200 × 115 cm
      z.t. untitled, 2010. Olie op doek/oil on canvas, 200 × 115 cm
26   z.t. untitled, 2013. Olie op doek/oil on canvas, 200 × 160 cm
      z.t. untitled, 2013. Olie op doek/oil on canvas, 145 × 115 cm
27   z.t. untitled, 2013. Olie op doek/oil on canvas, 200 × 115 cm
28   z.t. untitled, 2015. Olie op doek/oil on canvas, 145 × 115 cm
29   z.t. untitled, 2008. Olie op doek/oil on canvas, 200 × 160 cm
30   z.t. untitled, 2008. Olie op doek/oil on canvas, 200 × 160 cm
31   z.t. untitled, 2008. Olie op doek/oil on canvas, 200 × 160 cm
32   z.t. untitled, 2014. Detail. Olie op doek/oil on canvas, 145 × 115 cm